BEI GRIN MACHT SICH IHR WISSEN BEZAHLT

- Wir veröffentlichen Ihre Hausarbeit, Bachelor- und Masterarbeit

- Ihr eigenes eBook und Buch - weltweit in allen wichtigen Shops

- Verdienen Sie an jedem Verkauf

Jetzt bei www.GRIN.com hochladen und kostenlos publizieren

Bibliografische Information der Deutschen Nationalbibliothek:

Die Deutsche Bibliothek verzeichnet diese Publikation in der Deutschen Nationalbibliografie; detaillierte bibliografische Daten sind im Internet über http://dnb.d-nb.de/ abrufbar.

Dieses Werk sowie alle darin enthaltenen einzelnen Beiträge und Abbildungen sind urheberrechtlich geschützt. Jede Verwertung, die nicht ausdrücklich vom Urheberrechtsschutz zugelassen ist, bedarf der vorherigen Zustimmung des Verlages. Das gilt insbesondere für Vervielfältigungen, Bearbeitungen, Übersetzungen, Mikroverfilmungen, Auswertungen durch Datenbanken und für die Einspeicherung und Verarbeitung in elektronische Systeme. Alle Rechte, auch die des auszugsweisen Nachdrucks, der fotomechanischen Wiedergabe (einschließlich Mikrokopie) sowie der Auswertung durch Datenbanken oder ähnliche Einrichtungen, vorbehalten.

Impressum:

Copyright © 2018 GRIN Verlag
Druck und Bindung: Books on Demand GmbH, Norderstedt Germany
ISBN: 9783668818194

Dieses Buch bei GRIN:

https://www.grin.com/document/444818

Vanessa Jaschner

Allgemeine Psychologie. Sensation Seeking nach Zuckerman, Bedürfnispyramide nach Maslow, Flow Theorie

GRIN - Your knowledge has value

Der GRIN Verlag publiziert seit 1998 wissenschaftliche Arbeiten von Studenten, Hochschullehrern und anderen Akademikern als eBook und gedrucktes Buch. Die Verlagswebsite www.grin.com ist die ideale Plattform zur Veröffentlichung von Hausarbeiten, Abschlussarbeiten, wissenschaftlichen Aufsätzen, Dissertationen und Fachbüchern.

Besuchen Sie uns im Internet:

http://www.grin.com/

http://www.facebook.com/grincom

http://www.twitter.com/grin_com

Einsendeaufgabe

Modul: Allgemeine Psychologie II

Alternative A

Versendet am (Poststempel): 11.12.2017

SRH Fernhochschule Riedlingen

Vanessa Jaschner

Studiengang: Wirtschaftspsychologie

Inhaltsverzeichnis

Abbildungsverzeichnis 3

Abkürzungsverzeichnis 3

Einleitung 4

A1: Sensation Seeking nach Zuckerman 4

1.1. Messmethoden von Sensation Seeking 6

1.2. Kritische Betrachtung: Sensation- Seeking und SSS-V 8

A2: Die Bedürfnispyramide nach Maslow 9

2.1. Nutzen des Modells für Arbeitgeber und -nehmer 11

2.2. Bedürfnispyramide und 2-Faktoren Theorie 13

A3: Die Flow Theorie 15

3.1. Flow und intrinsische Motivation 16

3.2. Messung der intrinsischen Motivation und des Flows 18

3.3. Kritische Betrachtung der Messmethoden 19

Literaturverzeichnis 21

Internetquellen 22

Abbildungsverzeichnis

Abbildung 1: Maslows Bedürfnishierarchie 11

Abkürzungsverzeichnis

AISS	=	Arnett Inventory of Sensation Seeking
bzw.	=	beziehungsweise
bzgl.	=	bezüglich, in Bezug auf
d.h.	=	das heißt
SS	=	Sensation Seeking
SSS	=	Sensation Seeking Skala
z.B.	=	zum Beispiel
lt.	=	laut, gemäß
zw.	=	zwischen

Einleitung

Die Psychologie definiert sich als Wissenschaft, die das Verhalten von Individuen inklusive Ihrer kognitiven Prozesse über die Lebensspanne hinweg untersucht.[1] Die spezielle Frage was Individuen zu Handlungen und Verhaltensweisen antreibt, hat die Motivationspsychologie zum Gegenstand. Das lateinische Wort „movere" bedeutet so viel wie „bewegen". Demnach handelt es sich bei „Motivation" um alle Prozesse, die der Initiierung, der Richtungsgebung und der Aufrechterhaltung physischer und psychischer Aktivitäten dienen.[2] Motivationstheorien erklären somit Beweggründe von Individuen. Bzgl. dieser Motivationsquellen werden unterschiedliche Theorien beschrieben. **Triebreduktionstheorien** gehen z. B. auf die psychodynamische Perspektive zurück und begründen Verhalten mit dem Bedürfnis, einen Ausgleich zwischen internalen Zuständen und äußeren Umwelteinflüssen zu schaffen.[3] **Instinkttheorien** erklären zielgerichtetes Handeln durch die vorprogrammierten Verhaltenstendenzen, den Instinkten, welche genetisch bedingt sind.[4] **Erregungstheorien** gehen davon aus, dass Verhaltensweisen von dem Drang, den optimalen Erregungszustand zu erlangen, beeinflusst werden. Ein antreibender Faktor kann zum Beispiel „Neugierde" sein. So verlassen satte Tiere zum Beispiel Ihren Bau, um Ihre Umwelt zu erkunden.[5]
Im Folgenden wird das Konzept des Sensation Seekings beschrieben, welches dieser Erregungstheorie entspricht.

A1: Sensation Seeking nach Zuckerman

Das Konzept des Sensation Seeking geht auf Marvin Zuckerman (1979) zurück, der den Hang zu Extremen mit einer Verhaltensdisposition begründet, die bis zu 60 Prozent genetisch bedingt ist.[6] Zuckerman geht von einem optimalen Erregungszustand zwischen Stress und Langeweile aus, den jedes Individuum

---
[1] Vgl. Gerrig (2015), S. 2
[2] Vgl. Gerrig (2015), S. 420
[3] Vgl. Gerrig (2015), S. 422
[4] Vgl. Gerrig (2015), S. 423
[5] Vgl. Welte-Bardtholdt C. (2015), S. 31
[6] Vgl. Becker (2014), S. 68

versucht zu erlangen. Dabei beschreibt er das Sensation Seeking Persönlichkeitsmerkmal wie folgt: *"Sensation seeking is a trait defined by the seeking of varied, novel, complex, and intense sensations and experiences, and the willingness to take physical, social, legal, and financial risks for the sake of such experience"* [7]. Damit ist gemeint, dass Menschen mit einer hohen Ausprägung des Sensation Seeking Merkmals, sog. „High Sensation Seekers", ein genetisch bedingtes, niedriges Erregungslevel aufweisen, welches sie versuchen, durch Stimulation aus der Außenwelt zu erhöhen. Dabei sind High Sensation Seekers (HSS) bereit, gesundheitliche, gesellschaftliche, sowie finanzielle Risiken einzugehen. Sie können auch als Reizsuchende bezeichnet werden, wobei das belohnende Gefühl als motivationaler Antreiber fungiert. Menschen mit einer geringen Ausprägung des Sensation Seeking Merkmals werden dagegen als Low Sensation Seekers (Risikovermeider) bezeichnet. Bei ihnen ist, genetisch bedingt, ein höheres Erregungslevel vorhanden, weshalb nur eine geringe Stimulation der Außenwelt notwendig ist, um das optimale Erregungslevel zu erreichen.[8] Eine berechenbare und geordnete Lebensweise scheint für diese LSS deswegen angenehmer zu sein. Das Konzept des optimalen Erregungslevels (OLA) steht bei Zuckerman somit im Mittelpunkt seiner Überlegungen und ist abhängig von den individuellen Lebenserfahrungen, dem Alter und dem Geschlecht. Zur Veranschaulichung wird das Konzept des Sensation Seeking im Folgenden am Beispiel von Felskletterern veranschaulicht.

Wie sich aus der Beschreibung des Sensation Seeking Konzept schließen lässt, werden Extremsportler und im speziellen Felskletterer zu den High Sensation Seekers gezählt, da sie das relative stabile Persönlichkeitsmerkmal der „Risikosuche" aufweisen. Dies konnte durch wissenschaftliche Erhebungen belegt werden und wird in den folgenden Kapiteln noch näher erläutert. Abgesehen vom Risiko an sich, welches Klettern in großen Höhen mit sich bringt, geht diese Tätigkeit mit weiteren erheblichen physiologischen Anstrengungen einher. Zum Beispiel muss die schwere Ausrüstung oft für Stunden über unwegsames Gelände transportiert werden, bevor an entsprechend präparierten Felsen zu klettern begonnen werden kann. Kritische Wetterlagen wie Kälte oder

---
[7] *Zuckerman (2008), S. 49*
[8] *Vgl. Becker (2014), S. 69*

extreme Hitze werden oft in Kauf genommen um das Ziel, das „Durchsteigen einer Felswand" zu erreichen. Die Ausübung des Klettervorgangs erfordert Muskelkraft und Konzentration, so dass im Vorfeld ein entsprechendes Training erfolgen muss. Der Zeitaufwand, den Sport der Felskletterei auszuüben, ist demnach entsprechend hoch. [9] Es scheint verwunderlich, dass trotz der beschriebenen Anstrengungen und des Risikos, welches diese Sportart mit sich bringt, viele Menschen Gefallen daran finden. Nimmt man in diesem Zusammenhang Bezug auf das Sensation Seeking Konzept wird deutlich, dass Felskletterer aufgrund Ihres starken Bedürfnisses nach Reizsituationen gewillt sind, die Risiken und körperlichen Anstrengungen in Kauf zu nehmen. Für sie wären reizarme Situationen langweilig. Menschen unterschieden sich demnach in ihrem Bedürfnis nach abwechslungsreichen und stimulierenden Erfahrungen.[10] Bei Low Sensation Seekers, welche über ein bereits höheres, genetisch bedingtes Erregungslevel verfügen, würde die Konfrontation mit extremen Reizsituationen zu Stress führen.[11] Zur Messung der entsprechenden Ausprägung gibt es unterschiedliche Methoden, die im folgenden Kapitel beschrieben werden.

1.1. Messmethoden von Sensation Seeking

Die Sensation Seeking Skala (SSS) ist das am meisten verwendete Inventar zur Messung der Sensation Seeking Ausprägung. Dieses Inventar wurde von M. Zuckerman (1978) entwickelt und in den letzten Jahrzehnten mehrere Male überarbeitet. Die heute international am meisten verwendete Version der Sensation Seeking ist die SSS-V. Dieses Inventar besteht aus 40 Items und vier Subkategorien. Bzgl. der Bearbeitung wird jeweils zwischen zwei Antwortalternativen gewählt, welche dann entsprechend der vier Subkategorien zugeordnet werden. So wird durch die Abfrage von Verhaltenstendenzen auf Reizreaktionen der Grad des optimalen Erregungsniveaus ermittelt.[12]

---

[9] Vgl. Venetz (2012), S. 11
[10] Vgl. Venetz (2012), S. 14
[11] Vgl. Venetz (2012), S. 14
[12] Vgl. Roth/Hammelstein (2003), S. 13

Die erste Subkategorie ist die „Gefahr- und Abenteuersuche" (Thrill and Adventure Seeking, TAS)". Zu dieser Kategorie gehören zum Beispiel Extremsportler wie Kletterer, Gleitschirmflieger oder Extrembergsteiger. Sie suchen nach Reizbefriedigung durch die Ausübung gefährlicher, körperlicher Aktivitäten oder Erfahrungen. Die Kennzeichnung dieser Aktivitäten mit „extrem" geht mit dem Risiko einher, welches die Ausübung dieser Sportarten mit sich bringt. Die folgende Subkategorie ist die „Erfahrungssuche" (Experience Seeking, ES). Ein Beispiel für die Sensation Seekers der Dimension ES, wäre die Hippie-Bewegung der 70er Jahre oder die Punk-Generation in den 80ern. Personen dieser Kategorien suchen den Reiz in nonkonformen Lebensstilen. Auch Musik, Kunst oder Reisen können entsprechenden Personen kognitive Stimulation bereiten. Die älteste Form von Sensation Seeking ist die „Enthemmung" (Disinhibition, DIS). Bereits im alten Rom hat diese Dimension durch die Manifestierung von Karnevals und anderen Festivitäten gesellschaftliche Akzeptanz gefunden. Kennzeichnend für diese Kategorie ist ein hedonistischer Lebensstil, durch welchen versucht wird, Stimulation zu erlangen. Beispiele sind wilde Partys, außergewöhnliche Sexpraktiken und/oder erhöhter Alkoholkonsum (soziales Trinken). Die letzte der vier Subkategorien beschreibt Sensation Seekers, welche durch eine „Empfänglichkeit für Langeweile" (Boredom Susceptibility, BS) gekennzeichnet sind. Diese Kategorie beschreibt Personen mit einer Aversion gegen jede Art von Routine oder Wiederholung. Sie sind schnell gelangweilt und bleiben nicht lange bei einer Sache. Im Beruf sind zum Beispiel viele Jobwechsel zu beobachten. Mitmenschen, die zwar zuverlässig, aber nicht interessant oder aufregend sind, finden von einem Sensation Seeker BS kaum Beachtung.[13]

Neben der SSS gibt es noch das „Arnett Inventory of Sensation Seeking" (AISS), welches Arnett (1994) aufgrund einiger Kritikpunkte an der SSS-V entwickelte. Der Unterschied zu Zuckermans SSS liegt dabei hauptsächlich in der unterschiedlichen konzeptionellen Einordnung des Sensation Seeking Merkmals als grundlegendes Bedürfnis nach Stimulation, welches nicht automatisch eine Risikobereitschaft bzw. ein aktives Handeln impliziert.[14] Lt. Arnett soll die Definition und die Messung von SS, nicht an bestimmten Verhaltensmerkmalen

---
[13] Vgl. Roth/Hammelstein (2003), S. 78
[14] Vgl. Roth/Hammelstein (2003), S. 101

festgemacht werden.[15] Auf eine genauere Ausführung der Sichtweise und Kritik von Arnett wird im folgenden Kapitel detaillierter eingegangen.

1.2. Kritische Betrachtung: Sensation- Seeking und SSS-V

Sowohl bei der Konzeption als auch bei der Messung mittels der SSS-Methode gibt es einige kritikwürdige Aspekte, die betrachtet werden sollten.
Wie bereits erwähnt, ist J. Arnett einer der Kritiker der SSS-V, was letztlich dazu führte, dass er das AISS im Jahre 1994 entwickelte. Neben der Kritik am „Forced-Choice"-Format, welches lt. Arnett unter Umständen ein bestimmtes Antwortverhalten provoziere, kritisiert er hauptsächlich die inhaltlichen Aspekte der Items. So seien einige Items „veraltet", da diese Idole der 60er oder 70er wiederspiegeln würden (z.b. die Hippie-Bewegung).[16] Dabei ist anzumerken, dass alle von Arnett kritisierten Begriffe zwischenzeitlich von Zuckerman angepasst wurden.[17] Ein anderer inhaltlicher Kritikpunkt liegt darin begründet, dass einige Items mit körperlich anstregenden Tätigkeiten einhergehen, was wiederrum einen alterskorrelierenden Effekt mit sich bringt.[18] Der Hauptkritikpunkt Arnetts liegt allerdings in der Häufigkeit, mit welcher die Items, Drogen und Alkoholkonsum sowie das Sexualverhalten abfragen. Insgesamt neun von 40 Items der SSS-V beschäftigen sich mit diesen Bereichen. Allerdings kann dieser Bereich auch nicht ausgespart werden, da es gemäß Zuckerman darum geht, verschiedene neuartige und intensive Erfahrungen zu machen.[19]
Weitere Kritikpunkte kamen von Jackson und Maraun (1996), die behaupteten, dass die Begründung, warum ein Item in die SSS-V aufgenommen wird, nur konzeptionell aber nicht empirisch erfolgen kann. Allerdings muss dazu mit in Betracht gezogen werden, dass diese Problematik nicht lediglich die SSS-V betrifft, sondern den gesamten Bereich der korrelativen Persönlichkeitsforschung.[20]
Bezüglich psychometrischer Aspekte wurden zwischenzeitlich einige Studien durchgeführt, um die interne Konsistenz und die Faktorenstruktur zu überprüfen.

---

[15] Vgl. Roth/Hammelstein (2003), S. 122
[16] Vgl. Roth/Hammelstein (2003),100-f.
[17] Vgl. Roth/Hammelstein (2003), S. 89
[18] Vgl. Roth/Hammelstein (2003), 100-f.
[19] Vgl. Roth/Hammelstein (2003), 88-f.
[20] Vgl. Roth/Hammelstein (2003), S. 85

Insgesamt konnte die von Zuckerman entwickelte vierfaktorielle Struktur bestätigt werden. Allerdings wurden auch Auffälligkeiten bei den Subkategorien ES und BS festgestellt. Entgegen der Ergebnisse von Zuckerman konnte bei ES und BS nur geringe Konsistenz ausgewiesen werden. Insbesondere die Kategorie BS hatte in den Studien häufig nur eine Konsistenz von unter 50. Die beschrieben Befunde sprechen für die vierfaktorielle Struktur, allerdings sprechen sie ebenso für die Notwendigkeit einer sukzessiven Optimierung.[21]

A2: Die Bedürfnispyramide nach Maslow

Die Theorie der Bedürfnispyramide des Psychologen Abraham Maslow (1908 – 1970) ist ein Klassiker unter den motivationspsychologischen Modellen.[22] Es zählt zu den Bedürfnistheorien oder Inhaltstheorien und versucht demnach zielgerichtetes Handeln, bzw. Verhalten damit zu erklären, dass der Mensch danach strebt, seine Bedürfnisse zu befriedigen. Des Weiteren beschreibt das Modell von Maslow die menschliche Motivation aus einer humanpsychologischen Perspektive, also aus einer ganzheitlichen Sichtweise auf den Menschen, wonach der Mensch grundsätzlich als gut angesehen wird und ein angeborenes Wachstumspotenzial hat.[23] Lt. Maslow bilden grundlegende Bedürfnisse eine Hierarchie, welche in fünf Stufen aufgeteilt ist. So müssen die Bedürfnisse einer jeden Hierarchieebene erst befriedigt sein, bevor die nächste höhere Stufe erreicht werden kann. Die antreibende Kraft menschlichen Handels ist das Streben nach der individuellen Selbstverwirklichung, welche erst dann erreicht werden kann, wenn alle anderen Bedürfnisse befriedigt sind.[24] Die vier untersten Stufen bilden die Defizitbedürfnisse oder Mangelbedürfnisse. Diese müssen befriedigt sein, damit sich Zufriedenheit einstellen kann. Kennzeichnend für Defizitbedürfnisse ist, dass beim Ausbleiben dieser Bedürfnisse zwar einen Mangel kreiert wird, bei der Erfüllung allerdings keine weitere Nachfrage ausgelöst wird. Hat man zum Beispiel den Hunger gestillt, besteht kein weiteres

---
[21] Vgl. Roth/Hammelstein (2003), S. 85
[22] Vgl. Welte-Bardtholdt (2015), 12-f.
[23] Vgl. Gürster (2009), S. 45
[24] Vgl. Maltby/Day/Macaskill (2011), 425-f.

Bedürfnis zu essen. Wachstumsbedürfnisse führen dagegen bei Nichterfüllung nicht zwangsläufig zu einem Mangel. Zudem können sie nie gänzlich erfüllt werden. So führt die geglückte Selbstverwirklichung oft zu neuen Visionen und Zielen, die es zu erfüllen gilt.[25] Während Defizitbedürfnisse erfüllt sein müssen, um Zufriedenheit zu erzeugen, bedeutet ein Übermaß an Wachstumsbedürfnisbefriedigung Glück.

Das **pysiologische Bedürfnis** (auch biologisches Bedürfnis) bildet den Sockel der Pyramide. Zu diesen Bedürfnissen zählen z.b. Hunger und Durst, das Schlafbedürfnis, bzw. das Bedürfnis nach Erholung und nach Sexualität. So lange diese grundlegenden Bedürfnisse nicht befriedigt sind, werden andere Bedürfnisse hinten angestellt. So wird ein Hunger leidender Mensch zunächst versuchen Nahrung zu erhalten, bevor er sich zum Beipiel materiellen Wünschen zuwendet. Erst wenn das Grundbedürfnis nach Nahrung gestillt ist, wird die nächste Stufe der Bedürfnisse in den Fokus geraten.

Die zweite Stufe der Hierarchie wird mit dem **Sicherheitsbedürfnis** zusammengefasst. Dazu zählt, neben der Sicherheit an sich, auch Angstfreiheit, und Ruhe. Demnach wird eine Person, die zum Beispiel in einem Kriesengebiet lebt, indem die allgemeinewirtschaftliche und soziale Lage sehr unsicher ist, ggf. das Bedürfnis verspüren das Land zu verlassen, um an einem anderen Ort mehr Sicherheit zu erfahren. Die darauffolgende Stufe sind die **Sozialbedürfnisse.** Dazu gehört neben dem Wunsch nach Bindung, auch im sozialen Umfeld anerkannt und von der Familie geliebt zu werden. Ist das Sozialbedürfnis befriedigt, werden die **Individualbedürfnisse** kreiert. Sich selbst als wirkungsvoll und kompetent wahrzunehmen, und sich von Anderen und von sich selbst gewertschätzt zu fühlen kann zu dieser Stufe gezählt werden. Aber auch materielle Gegenstände, welche in der heutigen Gesellschaft zum Wohlstand und zu sozialem Prestige führen, fallen auf diese Ebene. Als Beispiel kann hier Eigentum wie das Eigenheim, das Auto oder das Smartphone gezählt werden. Das oberste Bedürfnis in der Bedürfnispyramide bildet die **Selbstverwirklichung.** Zu diesem Bedürfnis zählt die Sinnhaftigkeit der eigenen Tätigkeit und das Verlangen, seine eigenen Potentiale voll auszuschöpfen.[26]

---

[25] *Vgl. Heckhausen/Heckhausen (2010), S. 29*
[26] *Vgl. Maltby/Day/Macaskill (2011), S. 426*

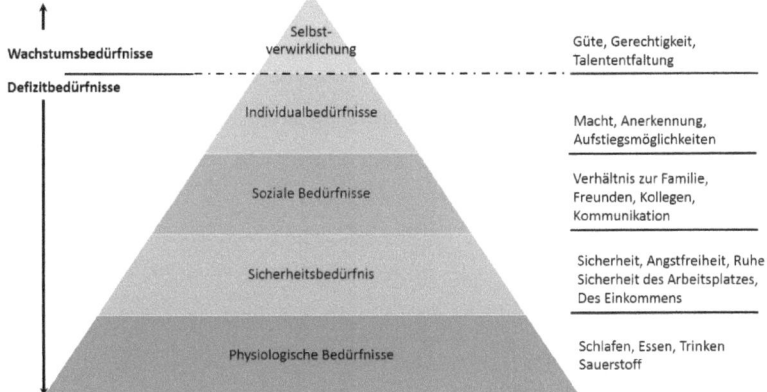

Abbildung 1: Maslows Bedürfnishierarchie (eigene Darstellung)

Maslow selbst überarbeite seine fünfstufige Bedürfnispyramide in den 70er Jahren, indem er sie um insgesamt drei Ebenen erweiterte. Über den Individualbedürfnissen ordnete er die ästhetischen und die kognitiven Bedürfnisse ein. Auf der obersten Ebene fügte er zudem die „Transzendenz", also die Suche nach Gott hinzu. So enstand eine achtstufige Pyramide [27]

2.1. Nutzen des Modells für Arbeitgeber und -nehmer

Für jedes Unternehmen ist die Leistung der eigenen Mitarbeiter maßgeblich für den Unternehmenserfolg, denn ohne motivierte Mitarbeiter können keine unternehmerischen Ziele umgesetzt werden. Es besteht demnach ein Zusammenhang zwischen zufriedenen Mitarbeitern und dem Unternehmenserfolg. [28] Vor diesem Hintergrund wird die Frage wichtig, wie Unternehmen die Bedürfnisse Ihrer Mitarbeiter erkennen können, um diese langfristig motiviert zu halten. Hier kann die Bedürfnispyramide nach Maslow in leicht abgewandelter Form als wichtiges Managementsystem eingesetzt

---

[27] Vgl. Welte-Bardtholdt (2015), S. 34
[28] Vgl. Bröckermann (2016), S. 250

werden.[29] Im Kontext der Arbeitswelt können die Bedürfnisse der Arbeitnehmer wie folgt interpretiert werden:

1. Stufe (physiologisches Bedürfnis):
Das Einkommen bildet die elementare Basis, um physiologische Bedürfnisse wie Hunger, Durst und Schlaf zu stillen. Mit dem Lohn bezahlt der Arbeitnehmer seine Nahrung. Das Bedürfnis nach Schlaf ist durch das Arbeitschutzgesetz geschützt, indem der Gesetzgeber eine Ruhezeiten von 11 Studen zwischen den Arbeitszeiten vorschreibt.[30]

2. Stufe (Sicherheitsbedürfnisse):
Das Bedürfnis nach Sicherheit wird zum Beispiel durch bestehende Arbeitsverträge vermittelt. Das größte Sicherheitsgefühl bieten demnach unbefristete oder langfristige Arbeitsverträge. Ein weiterer Aspekt, mit welchem dem Arbeitgeber Sicherheit vermittelt werden kann, ist die Bereitstellung einer betrieblichen Altersvorsorge. Sicherheitsbedürfnisse werden aber auch durch den Schutz vor Gefahren erfüllt. So bietet die Arbeitssicherheitsverordnung eine entsprechende Grundlage.[31]

3. Stufe (Soziale Bedürfnisse):
Soziale Bedürfnisse sind im Arbeitsleben zum Beispiel der Wunsch nach Akzeptanz, Gemeinschaft und Geselligkeit.[32] Diese sind im großen Maße von einer guten Kommunikation abhängig. So müssen Mitarbeiter ausreichend über die Leistungen, welche sie erbringen sollen, informiert sein. Nur eine ausreichende Auftragsklärung kann schlussendlich auch zu einer guten Leistung führen. Des Weiteren können betriebliche Festivitäten und Feiern eine Basis bieten, um die Kommunikation unter den Mitarbeitern zu fördern.

4. Stufe (Individualbedürfnisse):
Mit den Individualbedürfnissen ist in Bezug auf das Arbeitsleben hauptsächlich der Status, Erfolg und Kompetenz innerhalb der Firma und die damit verbundene

---

[29] *Vgl. Wenninger (2000), (27.11.2017), http:// www.spektrum.de/*
[30] *Richardi (2016), S. 487, § 5 ArbZG*
[31] *Vgl. Wenninger (2000), (27.11.2017), http://www.spektrum.de*
[32] *Vgl. Bröckermann (2016), S. 253*

Anerkennung für gute Leistungen und das Gefühl der Wertschätzung gemeint. Dies kann zum Beispiel durch Lob, Prestige oder Aufstiegschancen befriedigt werden. Auch Prämienzahlungen können bei außerordentlichem Einsatz ein Gefühl der Wertschätzung vermitteln.[33]

5. Stufe (Selbstverwirklichung):
Selbstverwirklichung entsteht durch das Verlangen, die eigenen potentiellen Fähigkeiten optimal zu entfalten, was wiederum zu einem großen Teil von der Möglichkeit der Mitbestimmung und Einflussnahme abhängt.[34] Deswegen ist Selbstverwirklichung innerhalb von Unternehmen nur sehr schwer zu erreichen. Lediglich das Top-Management hat gewöhnlicherweise dieses Privileg. Dennoch kann auch Mitarbeitern niedrigerer Hierarchien ein Gefühl von Einfluss und Mitbestimmung vermittelt werden, indem ihnen ein gewisser Spielraum an Eigenverantwortung übertragen wird. Selbstverwirklichung kann aber ebenso in der Freizeit, zum Beispiel über Hobbies oder Sport erreicht werden. Indem der Arbeitgeber dem Arbeitnehmer genügend Freizeit zugesteht seinen Leidenschaften nachzukommen, leistet er indirekt einen Anteil an der Bedürfnisbefriedigung der Selbstverwirklichung.

2.2. Bedürfnispyramide und 2-Faktoren Theorie

Ein weiteres Modell, welches zu den Inhaltstheorien (wie Bedürfnistheorien im arbeitspsychologischen Kontext auch genannt werden) gezählt wird, ist die Zwei-Faktoren-Theorie von Herzberg (1959). Dieses Modell ist eines der populärsten in Bezug auf die Arbeitspsychologie und gleicht in einigen Aspekten der Theorie von Maslows Bedürfnispyramide.[35]
Im folgenden wird die Zwei-Faktoren-Theorie von Herzberg (1959) kurz vorgestellt, um im Anschluss detaillierter auf die Gemeinsamkeiten und Unterschiede zur Bedürfnispyramide einzugehen.

---

[33] Vgl. Wenninger (2000), (27.11.2017), http://www.spektrum.de
[34] Vgl. Wenninger (2000), (27.11.2017), http://www.spektrum.de
[35] Vgl. Schreyögg/Koch (2010), S. 199

Ausgehend von der Frage, welche Faktoren die Arbeitzufriedenheit massgeblich beeinflussen, befragten Herzberg und Kollegen in deren Pittsburgh-Studie Beschäftigte bezüglich befriedigender und unbefriedigender Arbeitssituationen. Als Ergebnis fand Herzberg heraus, dass die gleichen Einflussgrößen nie zu einer einer Zufriedenheit und gleichzeitig zu einer Unzufriedenheit führten. Herzberg schloss daraus, dass Zufriedenheit und Unzufriedenheit als voneinander unabhängige Dimensionen zu betrachten sind, die von verschiedenen Faktoren ausgelöst werden. Die Faktoren, die bei Erfüllung Zufriedenheit auslösen, nannte er **Motivatoren**, diejenigen die bei Nichterfüllung zu Unzufriedenheit führten, **Hygienefaktoren**.[36]

So führt die Erfüllung von Motivatoren zwar zu Zufriedenheit, die Nichterfüllung aber nicht zwangsläufig zu Unzufriedenheit, sondern lediglich zu einer Nicht-Zufriedenheit. Motivatoren sind Faktoren, die mit der Arbeitstätigkeit selbst zusammenhängen, sie sind demnach intrinsischer Art. Als Beispiel wären Leistung, Anerkennung, Verantwortung und die Möglichkeiten auf persönliches und geistiges Wachstum zu nennen.[37]

Hygienefaktoren sind auf den Kontext der Arbeit bezogen und wirken demnach extrinsisch, also von außen. Als Beispiel kann das Bedürfnis nach Lohn oder nach Arbeitsplatzsicherheit genannt werden. Diese Faktoren lösen bei deren Erfüllung keine Zufriedenheit aus, dennoch Unzufriedenheit, wenn Sie nicht vorhanden sind. Nach Herzberg kann große Motivation nur dann entstehen, wenn Hygienefaktoren und Motivationsfaktoren gleichermaßen vorhanden sind.[38] Bezüglich der Frage, in wie weit die 2-Faktoren Theorie über die Erkenntnisse der Bedürfnishierarchie von Maslow hinausgeht, sei erwähnt, dass Herzberg auf Maslow's Theorie aufbaut. Allerdings basiert die 2-Faktoren Theorie auf empirischen Untersuchungen (Pittsburgh-Studie), im Gegensatz zur Bedürfnishierarchie, die lediglich auf unsystematischen Beobachtungen basiert. Stellt man die beiden Theorien gegenüber so wird schnell ersichtlich, dass die von Herzberg beschriebenen Hygienefaktoren mit den Defizitbedürfnissen aus Maslows Theorie im Zusammenhang stehen. Zum Beispiel befriedigt ein langfristiger Arbeitsvertrag (Hygienefaktor) das Bedürfnis nach Sicherheit (Defizitbedürfnis). Wäre der Arbeitsvertrag nur kurzfristig abgeschlossen, käme

---
[36] Vgl. Kauffeld (2014), S. 196
[37] Vgl. Kauffeld (2014), S. 22
[38] Vgl. Schreyögg/Koch (2010), 199-ff.

durch das Ausbleiben der Hygienefaktoren ein Mangel bzgl. des Sicherheitsgefühls zum Tragen. Motivatoren befriedigen demgegenüber Wachstumsbedürfnisse, d.h. sie haben keine Vermeidungs- sondern eine Annäherungswirkung und wirken im gleichen Zusammenhang, wie eben bei den Hygienefaktoren beschrieben.[39] Als Unterschied zu Maslow muss beachtet werden, dass bei Maslow jedes unbefriedigte Bedürfniss zu einer motivierenden Handlung führt, wobei bei Herzberg nur die oberen Faktoren (Motivationsfaktoren) eine handlungsmotivierende Wirkung haben.

A3: Die Flow Theorie

Jeder hat diesen Zustand schon einmal erlebt. Wenn eine Sache so viel Spaß macht, dass man alles um sich herum vergisst und man komplett mit der Tätigkeit an sich verschmilzt. Man ist voll bei der Sache, alles läuft glatt und weiß jederzeit, was als nächstes zu tun ist. Dabei spielt die Zeit keinerlei Rolle mehr, ja nicht einmal das Hungergefühl wird mehr wahrgenommen.
Diese Merkmale beschreiben den Zustand des Flows. Dieser Begriff wurde von dem Psychologen Mihaly Csíkszentmihályi erstmals 1975 verwendet. Er untersuchte über einen längeren Zeitraum Künstler und konnte dabei beobachten wie einige Maler unter Ihnen so exzessiv an der Fertigstellung ihres Bildes arbeiteten, dass Sie alles um sich herum ausblendeten und sich nur dieser einen Tätigkeit widmeten. Sobald aber das Bild fertig gestellt war, widmeten sie sich neuen Aufgaben und Projekten, so das Csíkszentmihályi daraus schließen konnte, dass der Anreiz nicht in der Ferstellung des Bildes lag sondern in der Tätigkeit an sich.[40] Csíkszentmihályi beschreibt den Zustand des Flows, wie folgt: *„You are so involved in what you're doing you aren't thinking about yourself as separate from the immediate activity. You're no longer a participant observer, only a participant. You're moving in harmony with something else you're part of."*[41] Dabei nannte er sechs Merkmale, mit welchen sich der Flow-Zustand

---
[39] *Wirtschaftslexikon24 (2017), (27.11.2017), http://www.wirtschaftslexikon24.com*
[40] *Vgl. Heckhausen/Heckhausen (2010), S. 380*
[41] *Csikszentmihalyi (1975), S. 86*

charakterisieren lässt: Das Verschmelzen von Handeln und Wahrnehmung, die Fokussierung der Aufmerksamkeit, der Schwund des Bewusstseins des eigenen Selbst, komplette Kontrolle über die Handlung, ausreichende Handlungsanforderungen und sofortige Feedbackmöglichkeit, sowie ein autotelisches Wesen der Tätigkeit (damit ist gemeint, dass es keine Belohnung oder Ziele von außen bedarf).[42] Damit allerdings der Flow eintreten kann, müssen bestimmte Gegebenheiten erfüllt sein. So müssen die entsprechenden Fähigkeiten oder Fertigkeiten bzgl. den Anforderungen einer Tätigkeit vorhanden sein. Sonst kann es passieren, dass anstatt eines Flow-Zustandes eine Überforderung eintritt. Auch eine konkrete Zielsetzung ist notwendig, damit die Handlungen entsprechend ausgerichtet werden können. Ist das Ziel nur wage ersichtlich, bzw. definiert so ist das Gefühl, die Handlungskompetenzen zu haben, nicht gegeben. Außerdem ist es wichtig, ein sofortiges Feedback zu ausgeführten Handlungen zu erhalten. Diese können sowohl aus der Person selbst als auch aus dem externen Umfeld kommen.[43]

3.1. Flow und intrinsische Motivation

Wie bereits zu Beginn erwähnt, beschäftigt sich die Motivationsforschung mit der Frage, was das Individuum antreibt, um daraus abgeleitet menschliches Verhalten zu erklären. Dabei sind zwei unterschiedliche Motivationsarten zu unterscheiden: Die intrinsische und die extrinsische Motivation.
Bei der intrinsischen Motivation handelt es sich um eine Motivation, die von innen heraus aus der Handlung an sich entsteht. Die Tätigkeit wird ausgeführt, weil sie Spaß und Freude bereitet oder als sinnvoll oder interessant angesehen wird. Sie wird also um ihrer selbst Willen ausgeführt und nicht, um einen bestimmten Zweck zu erreichen oder abzuwehren. Dies wäre im Gegensatz dazu bei extrinsischer Motivation der Fall, bei welcher die Motivation einer Tätigkeit außerhalb der Handlung liegt, sich also in zu erwartenden Konsequenzen wie Bestrafung oder Belohnung wiederspiegelt. Die Unterscheidung zwischen intrinsisch und extrinsisch beginnt bereits bei den Anreizen, die mit den

---
[42] Vgl. Csikszentmihalyi (2010), 61-ff.
[43] Vgl. Welte-Bardtholdt (2015), S. 113

angestrebten Zielen verbunden werden. So liegen intrinsische Anreize eine Handlung aufzunehmen, in der Tätigkeit selbst verankert (Stolz auf eine gute Leistung), während extrinsische Anreize außerhalb der Person liegen (z.b. mehr Taschengeld bei guten Noten oder Bonuszahlungen bei guten Verkaufszahlen).[44] Forschungsergebnisse konnten belegen, dass intrinsisch motivierte Personen stärkere Leistungen erbrachten, als extrinsisch motivierte Personen. Dies mag daran liegen, dass ähnlich wie beim Flow, die Handlung an sich Freude und Erfüllung mit sich bringt und mit positiven Emotionen verknüpft ist. So konnte desweiteren beobachtet werden, dass intrinsisch motivierte Personen positivere Selbstkompetenzen aufweisen konnten und besser mit Misserfolgen umgegangen sind. Als Beispiel kann hier ein Student genannt werden, der für ein bestimmtes Fach Eigeninteresse mitbringt und deshalb aus einer intrinsischen Motivation heraus an die Bearbeitung des Stoffes heran geht. Er lernt nicht für eine bestimmte Note, wie das bei extrinsisch motivierten Studenten der Fall wäre, sondern weil ihm das Wissen um die Materie Freude bringt. Natürlich schließen sich intrinsische und extrinsische Motivation nicht zwangsläufig aus, so wäre im Beipiel des intrinsisch motivierten Studenten, die gute Note ein „hübscher Nebeneffekt". Viele Handlungen sind daher eine Kombination von intrinsischen und extrinschen Motivation.

Allerdings kann es bei zu hoher Betonung der extrinsischen Motivation dazu führen, dass es zu einer Verringerung der intrinsischen Motivation kommt. Bei dem Studenten wäre dies zum Beispiel, wenn er außer seiner guten Noten noch zusätzlich für jede abegebene Arbeit eine Zahlung eines Verlages erhalten würde. Äußere Faktoren, wie zum Beispiel Zeitdruck, hemmen die intrinsische Motivation. Dies konnte Deci (1971) in seiner „kognitiven Bewertungstheorie" belegen.[45] Lt. Deci hemmt die Vergabe extrinsischer Belohnungen die intrinsische Motivation. Dieser Effekt wird als „Korrupierungseffekt" bezeichnet.[46] Bemerkenswert ist allerdings, dass der Flow-Zustand, im Gegensatz zur intrinsischen Motivation „korrupierungsresistent" ist. Dieses Phänomen lässt sich dadurch erklären, dass der Flow Zustand des öfteren bei Experten Ihres Faches auftritt, welche sehr zielfokussiert arbeiten.[47] Während die intrinsische Motivation

---

[44] Vgl. Kauffeld (2014), S. 206
[45] Vgl. Heckhausen/Heckhausen (2010), S. 372
[46] Vgl. Welte-Bardtholdt (2015), S. 110
[47] Vgl. Heckhausen/Heckhausen (2010), S. 384

viel länger anhalten kann als der Flow-Zustand, ist sie trotzdem nicht so zielorientiert.

3.2. Messung der intrinsischen Motivation und des Flows

Die intrinsische Motivation beschreibt im allgemeinen die Intensität bzw. das Engagement, mit welcher ein bestimmte Tätigkeit verrichtet wird. Deswegen erscheint es nur allzu plausibel, das Beobachten einer Tätigkeitverrichtung als Messmethode für die intrinsische Motivation heran zu ziehen.
Das „Free- Choice"-Paradigma beruht auf der Beobachtung von Probanten, die innerhalb eines bestimmten Zeitfensters aus freien Stücken zwischen unterschiedlichen Tätigkeiten wählen können. Deci entwickelte 1971 dazu eine klassische Studie, welche dieses Paradigma näher erläutern sollte.
Dazu sollten sich Probanten in mehreren Sitzungen zu unterschiedlichen Bedingungen (mit und ohne Belohnung) über eine gewisse Zeitspanne mit einer Tätigkeit beschäftigen, wobei sie alternativ auch etwas anderes tun durften, wie z.B. Zeitung lesen. Die intrinisische Motivation wurde mittels der Dauer, in welcher sich ein Proband mit einer Tätigkeit beschäftigte, operationalisiert.[48]
Neben der Beobachtung werden oftmals auch Selbstberichte in Form von Fragebögen verwendet, um die intrinsische Motivation in den verschiedenen Lebensbereichen wie Sport, Therapie oder Lernkontexten zu messen. Diese sind oftmals auf Basis der organismischen Integrationstheorie von Deci und Ryan (1985) aufgebaut und unterscheiden demnach zwischen vier Regulationsformen. Diese sind introjizierte, identifizierte, externale und intrinsische Motivation und beschreiben anhand dieser Adjektive den Grad der Selbstbestimmtheit der Motivation.[49]
Ein weiterer Fragebogen, das „Intrinsic Motivation Inventory", wurde von Ryan 1982 entwickelt und unterschiedet sich bezgl. seines Aufbaus von den eben beschriebenen Selbstberichten. Er teilt das subjektive Erleben einer Tätigkeit in

---

[48] Vgl. Brandstätter (2013), 99-f.
[49] Vgl. Brandstätter (2013), S. 100

die Subkategorien Kompetenzerleben, Anstrengung, Wert, gefühlte Anspannung, wahrgenommene Wahlmöglichkeit, Interesse und Freude auf.[50]

Zur Messung des Flow-Erlebens sind zwei Messmethoden sehr geläufig. Zum einen die Erlebnisstichproben-Methode (ESM) von Csikszentmihalyi (1977) und zum anderen die Flow-Kurz-Skala (FKS) von Rheinberg (2003).

Bei der Erlebnisstichproben-Methode werden Probanden mit einem Signalgeber ausgestattet, welcher die Probanden in zufälligen Abständen mittels eines Lautsignals dazu auffordert, ihr momentanes Befinden in Bezug auf die verrichtete Tätigkeit zu erfassen. So werden über den Zeitraum einer Woche mehrere Stichproben je Proband aufgezeichnet und anschließend ausgewertet. Die erfassten Erlebniszustände sind z.B. Freude, Konzentration und intrinsische Motivation.[51] Der Vorteil dieser Methode ist, dass dabei keine Verzerrung durch retrospezifische Bewertungen entstehen kann, da die Messungen direkt während der Tätigkeiten in Alltagssituationen vorgenommen werden können. Die Flow-Kurz-Skala ist Fragebogen basiert und gilt als eine sehr reliable, valide und ökonomische Messmethode. Der Fragebogen ist in zehn Items und zwei Subskalen gegliedert. Diese sind: Automatischer Ablauf der Handlung („meine Gedanken bzw. Aktivitäten laufen flüssig und glatt") und Absorbiertheit der Handlung („Ich merke gar nicht wie die Zeit vergeht").

Der Vorteil gegenüber der ESM Methode ist, dass die Datenerhebung weit weniger zeitintensiv ist.[52]

3.3. Kritische Betrachtung der Messmethoden

Bezgl. der Erfassung des Flow-Erlebens muss mit in Betracht gezogen werden, dass eine rückblickende Selbstbewertung nur schwer möglich ist, da man im akuten Flow-Zustand nur auf das Handlungsziel fokussiert ist. Deswegen erfassen die gängigen Messmethoden die Befunde zumeist im akuten Tätigkeitsbefinden. Csikszentmihalyi geht bei der ESM Methode von einer Gleichsetzung zwischen Anforderungen und Fähigkeiten aus, woraus der Flow-

---
[50] Vgl. Brandstätter (2013), S. 100
[51] Ebenda
[52] Vgl. Brandstätter (2013), S. 101

Zustand, also die optimale Beanspruchung, resultiert. Als ein Kritikpunkt wäre dabei anzumerken, dass weitere Einflussfaktoren auf den Flow-Zustand beim ESM nicht mit betrachtet werden. Lediglich die optimale Beanspruchung wird als Indikator herangezogen. Ein weiterer Kritikpunkt geht mit der generellen Gleichsetzung von Anforderung und Fähigkeit einher, da interindividuelle Beurteilungen meist unterschiedlich sind. So wäre in einem Fall die Passung, also der Flow gegeben, in einem anderen Fall würde die Person sich überfordert oder verängstigt fühlen.[53] Die bereits beschriebene FKS wurde aufgrund der eben beschriebenen Mängel am ESM entwickelt. Aufgrund der beschriebenen zehn Items und der Subskalen kann die Erfassung de Flow-Zustandes mit Hilfe dieser Messmethode viel reliabler und valider geschehen. Die Probleme, die sich bei der Messung der intrinsischen Motivation ergeben, beginnen bereits mit dem nicht einheitlichen Verständnisses des Konstruktes an sich. So kann eine valide und reliable Erfassung kaum gegeben sein, solange bezgl. des Verständnis zwischen den verschiedenen Autoren Uneinigkeit herrscht.[54] Aufgrund des beschränkten Umfanges dieser Arbeit wird auf eine Ausarbeitung dieser verschiedenen Blickwinkel nicht eingegangen. Des Weiteren ist bei dem „free choice paradigma" zu berücksichtigen, dass persönliche Vorlieben und interindividuelle Unterschiede ebenfalls einen Einfluss auf die Wahl der Beschäftigung haben. Ebenso müssen die Aspekte der „sozialen Erwünschtheit" bzgl. der Fragebogenerfassung berücksichtigt werden. Manch einer mag sich selbstbestimmter und motivierter präsentieren möchten, als es tatsächlich der Fall ist.

---

[53] Vgl. Heckhausen/Heckhausen (2010), S. 382
[54] Vgl. Heckhausen/Heckhausen (2010), S. 371

Literaturverzeichnis

Becker B. Prof. **(2014)**, Grundlagen der Differentiellen und Persönlichkeitspsychologie. 1105-01, Studienbrief, SRH Riedlingen, Riedlingen.

Brandstätter, V. **(2013)**, Motivation und Emotion. Allgemeine Psychologie für Bachelor; mit 9 Tabellen; [Lesen, Hören, Lernen im Web], Berlin.

Bröckermann, R. **(2016)**, Personalwirtschaft. Lehr- und Übungsbuch für Human Ressource Management, 7. Aufl., Stuttgart.

Csikszentmihalyi, M. **(1975)**, Beyond boredom and anxiety, San Francisco, Calif.

Csikszentmihalyi, M. **(2010)**, Das Flow-Erlebnis. Jenseits von Angst und Langeweile: Im Tun aufgehen, 11. Aufl., Stuttgart.

Gerrig, R. J. **(2015)**, Psychologie, 20. Aufl., Hallbergmoos.

Gürster M. **(Düsseldorf, 2009)**, Mitarbeitermotivation. Die Bedürfnispyramide nach Abraham H. Maslow, Studienarbeit, Fachhochschule Düsseldorf, Düsseldorf.

Heckhausen, J./Heckhausen, H. **(2010)**, Motivation und Handeln, 4. Aufl., Berlin, Heidelberg.

Kauffeld, S. **(Hrsg.) (2014)**, Arbeits-, Organisations- und Personalpsychologie für Bachelor. Mit 44 Abbildungen und 36 Tabellen, 2. Aufl., Berlin.

Maltby, J./Day, L./Macaskill, A. **(2011)**, Differentielle Psychologie, Persönlichkeit und Intelligenz, 2. Aufl., München.

***Richardi, R.* (2016)**, Arbeitsgesetze. Mit den wichtigsten Bestimmungen zum Arbeitsverhältnis, Kündigungsrecht, Arbeitsschutzrecht, Berufsbildungsrecht, Tarifrecht, Betriebsverfassungsrecht, Mitbestimmungsrecht und Verfahrensrecht: Textausgabe mit ausführlichem Sachverzeichnis, 89. Aufl., München, München.

***Roth, M./Hammelstein, P.* (Hrsg.) (2003)**, Sensation Seeking. Konzeption, Diagnostik und Anwendung, Göttingen, Bern, Toronto, Seattle.

***Schreyögg, G./Koch, J.* (2010)**, Grundlagen des Managements. Basiswissen für Studium und Praxis, 2. Aufl., Wiesbaden.

***Venetz, M.* (2012)**, Persönlichkeit und subjektive Bedeutung tätigkeitsbezogener Anreize. Variablen- und personenorientierte Analysen zum Phänomen Felsklettern, Zugl.: Zürich, Univ., Diss., 2010, Münster.

***Welte-Bardtholdt C.* (2015)**, Motivation und Volition. 1161-01, Studienbrief, SRH Riedlingen, Riedlingen.

***Zuckerman, M.* (2008)**, Sensation seeking and risky behavior, Washington, DC.

Internetquellen

***Wenninger G.* (2000)**, Bedürfnispyramide, in: http://www.spektrum.de/lexikon/psychologie/beduerfnispyramide/2010&_druck=1.

***Wirtschaftslexikon24* (2017)**, Zwei-Faktoren-Theorie. Leistungsmotivation, in: http://www.wirtschaftslexikon24.com/d/leistungsmotivation/leistungsmotivation.htm

BEI GRIN MACHT SICH IHR WISSEN BEZAHLT

- Wir veröffentlichen Ihre Hausarbeit, Bachelor- und Masterarbeit

- Ihr eigenes eBook und Buch - weltweit in allen wichtigen Shops

- Verdienen Sie an jedem Verkauf

Jetzt bei www.GRIN.com hochladen und kostenlos publizieren